To my gre

....

from

GREAT
BRO

....

10 9 8 7 6 5 4 3 2 1

Published in 2011 by Ebury Press, an imprint of Ebury Publishing
A Random House Group Company

Text © Ged Backland 2011
Illustrations © The Backland Studio 2011

The Random House Group Limited Reg. No. 954009

A CIP catalogue record for this book is available from the British Library.

Printed and bound by Tien Wah Press, Singapore

ISBN: 9780091938277

THE BACKLAND STUDIO
www.thebacklandstudio.com

5

YOU'LL **always** be my FRIEND first
and my **brother** second!

If **we** were on a

DESERT ISLAND,

I know **you'd** give me your last **COCONUT**

(but not before you used it to score a goal!)

Bother and brother....

just ONE letter
difference

(COINCIDENCE
- I don't think so!)

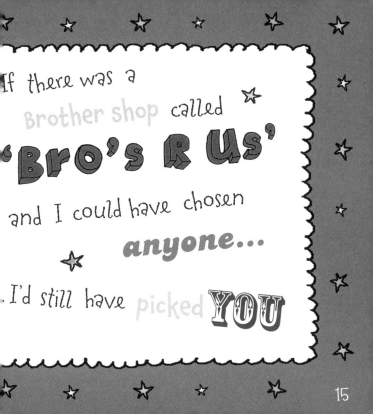

If there was a
Brother shop called
'BRO'S R US'
and I could have chosen
anyone...
I'd still have picked **YOU**

15

If **you** were a **COOKIE,**

you'd be one of those **big** ones you get at **SHOPPING** malls

(lovely and a bit nutty!)

You'll make someone

a *great*

HUSBAND

(God help them!)

Some of your **CRAZY** friends have **ALWAYS** been a source of amusement!

tee-hee-hee

23

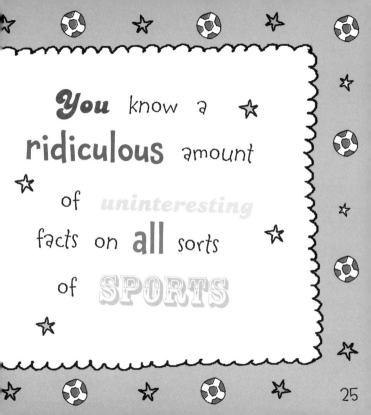

You know a ridiculous amount of *uninteresting* facts on **all** sorts of SPORTS

26

I KNOW if I were
anywhere in the WORLD
and I really needed you,

YOU would come for me

(You'd charge me for the
ticket, but you'd **still** come)

27

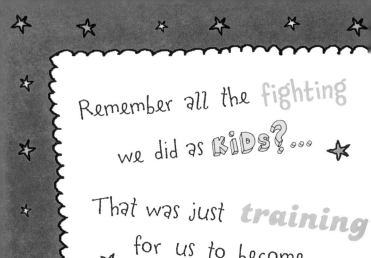

Remember all the *fighting*
we did as **KIDS?**...

That was just *training*
for us to become

BEST MATES

← Top Brother!

WORLD'S BEST BROTHER

I'm **secretly** very **PROUD** of *You*

You're quite

REMARKABLE –

I know everything
about you

(and *still* think
you're pretty **COOL**)

Cool
dude!

35

YOUR socks walk themselves to the LAUNDRY basket

37

When **we** were little,

YOU were

the PERFECT

partner in

crime!

41

YOU *know* how to get past the **tricky bit** on **LEVEL 3**

42

Sweets, jokes, and secrets...

they were all **BEST** when

shared with **YOU!**

The **memories** of the TROUBLE we got into will *always* make me SMILE

There's a **word** that **describes** you...

Only **joking**...

(you should have seen
your **face** then!)

You being silly and pulling funny faces!
That's an improvement!

Even though we're not **little** kids anymore,

I **KNOW** you still look out for me and **ALWAYS** will do

(which is a little bit *lovely!*)